Dieses Buch gehört

_____

_____

_____

Samuel J. Butcher

BETTHUPFERL
GESCHICHTEN

Texte von

Samuel J. und Jon David Butcher

Debbie Ann und Steven Craig Wiersma

Illustrationen von Samuel J. Butcher

Schulte & Gerth

Die amerikanische Originalausgabe erschien im Verlag
Baker Book House, Grand Rapids, Michigan 49516,
unter dem Titel „Precious Moments Bedtime Stories"
© 1988 by Samuel J. Butcher Company
© der deutschen Ausgabe 1990 Verlag Klaus Gerth, Asslar
Aus dem Amerikanischen übersetzt von Christian Rendel

Best.-Nr. 15 140
ISBN 3-89437-140-4
1. Auflage 1990
Umschlaggestaltung: Samuel J. Butcher/Ursula Stephan
Satz: Typostudio Rücker & Schmidt
Printed in Denmark

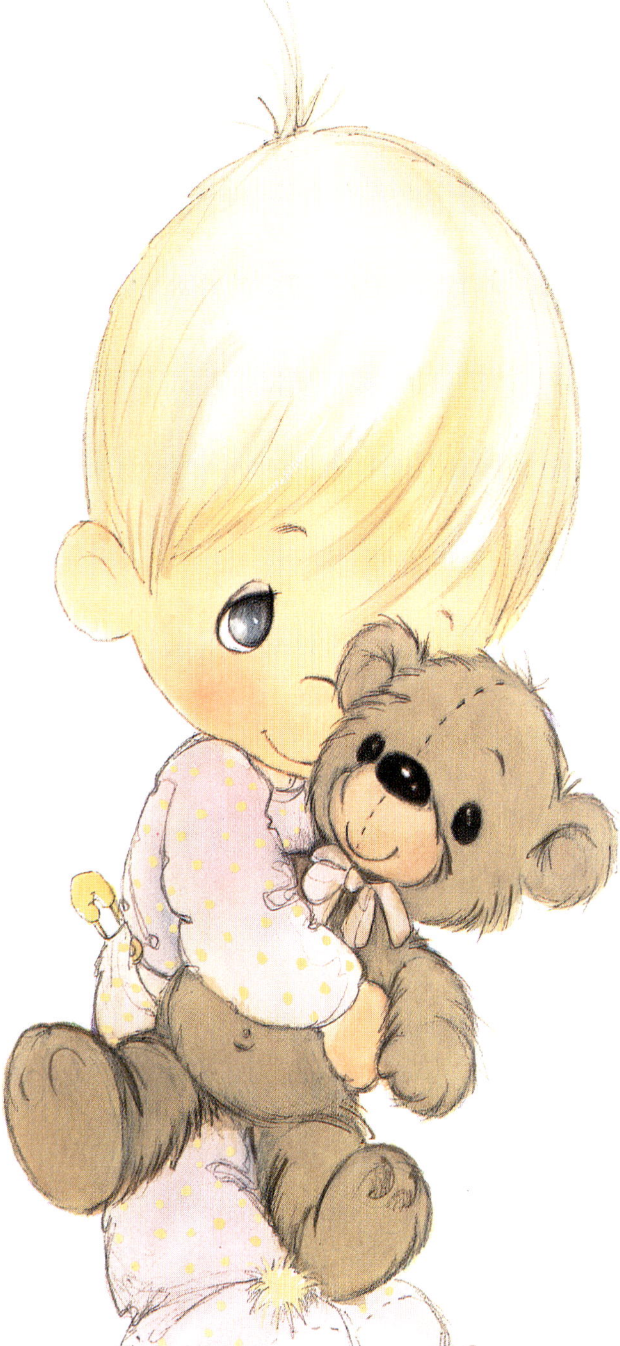

Inhalt

Vorwort   9

Freunde

Ein ganz besonderes
    Geburtstagsgeschenk   13
Das Echo   27
Yen findet einen Freund   39
Kleiner Biber   53

In der Familie

Ich kann was!   65
Ein Regentag   75
Philipp ist fleißig   85
Tobias und sein Bär   95
Ein Tag im Zoo   106
Die verräterischen Fingerabdrücke   115

Vorwort

Schlafenszeit – das ist die kostbare Zeit, wenn Vater und Kind oder Mutter und Kind ein paar Minuten ganz für sich haben. Es ist eine Zeit, in der man erzählt, gemeinsam über den Tag nachdenkt, sich Geheimnisse anvertraut und miteinander kuschelt.

Die „Betthupferl-Geschichten" sollen dabei zur Stille führen. Sie helfen Kindern, sich selbst, ihre Welt und die Menschen darin kennenzulernen, und regen an, vor dem Einschlafen mit Gott zu reden.

Sam Butcher hat diese Geschichten zusammen mit seinen Kindern geschrieben. Seine sanft-verträumten Zeichnungen verleihen den Geschichten zusätzlich Leben und Reiz. Die ausdrucksvollen Augen der kleinen Helden und die zarten Farben bringen den Kindern Freude oder Traurigkeit nahe – und oft weht ihnen daraus ein Hauch von Humor entgegen. Das Ergebnis ist ein Buch voller Lieblingsgeschichten – ein Schatz, zu dem Kinder immer wieder greifen werden.

Nehmen Sie Ihr Kind in die Arme, suchen

Sie eine Geschichte aus und freuen Sie sich an jener kostbaren Tageszeit, in der die Liebe zwischen Eltern und Kindern ihren besonderen Ausdruck findet!

Der Herausgeber

Freunde

Ein ganz besonderes Geburtstagsgeschenk

Laura hatte sich ein ganz besonderes Geschenk aufgehoben, das sie als allerletztes auspacken wollte. Es war das Geburtstagsgeschenk von Oma und Opa. Meist bekam Laura von ihnen eine Puppe, aber diesmal war es eine winzige Schachtel. Was da wohl drin sein mochte? Laura konnte es sich nicht vorstellen. Sie nahm ihre beiden Lieblingspuppen, setzte sich hin und packte ihr letztes Geschenk aus.

Es war eine wunderschöne Spieldose! Laura öffnete den Deckel. Sie lachte, als sie das kleine Liedchen hörte.

Da entdeckte sie einen Umschlag. „Was ist denn das?" fragte sie ihre Puppen – doch die lächelten sie nur an. Als Laura den Umschlag aus der Schachtel nahm, fielen zwei Geldscheine heraus! Auch ein kleiner Brief lag dabei, und in ihm stand geschrieben:

> Liebe Laura,
> wir wollten Dir eine Puppe schenken, aber wir wußten nicht, was für eine Du am liebsten hättest. Deshalb möchten wir, daß Du Dir an diesem Geburtstag selbst eine ganz besonders schöne Puppe kaufst – eine Puppe, die Du einmal an Deine eigene kleine Tochter weitergeben kannst.
> Alles Liebe
> Oma und Opa

Laura freute sich riesig. Sie wußte genau, welche Puppe sie wollte! Im Spielzeugladen hatte sie eine kleine Babypuppe gesehen, die ihr wunderbar gefiel. Sie schaute noch einmal das Geld an und sagte dann: „Mutti, für so viel Geld kann ich zwei Puppen kaufen – eine für mich und eine für Kati, meine beste Freundin."

„Vielleicht solltest du dir das noch einmal überlegen, Laura. Oma und Opa möchten, daß du eine besonders schöne Puppe bekommst. Vielleicht findest du eine."

„Aber Mutti, wenn ich zwei davon kaufe, bekommen Kati und ich beide eine besonders schöne Puppe. Kati hätte so gerne eine neue Puppe! Sie hat nur eine einzige, und mit der hat schon ihre Schwester gespielt."

„Hallo, Laura!" rief Kati, als sie zu ihrer Freundin kam. „Kann ich mir deine Geschenke anschauen?"

Kati und Laura betrachteten die Spieldose und die anderen schönen Dinge.

„Kati, ich bin so aufgeregt! Von meinem Geburtstagsgeld kann ich *zwei* Puppen kaufen, eine für dich und eine für mich. Stell dir vor, was für einen Spaß wir damit haben werden!"

„Weißt du, Laura, ich denke, du solltest nur

eine Puppe kaufen – die schönste, die du finden kannst. Schließlich ist das dein Geburtstagsgeld, und du solltest es für dich ausgeben", meinte Kati. „Wir können ja abwechselnd damit spielen. Ich weiß, daß du im Spielzeugladen eine Lieblingspuppe hast!"

„Komm!" rief Laura. „Laufen wir gleich zum Laden."

Die beiden Freundinnen hüpften die Straße entlang und freuten sich zusammenzusein. Im Schaufenster entdeckten sie eine Menge wunderschöner Spielsachen – Stofftiere, Bauklötze, sogar einen Kasper in einer Schachtel, der mit einem Satz heraussprang, wenn man den Deckel öffnete. In einer Ecke des Schaufensters saß eine niedliche Babypuppe. Sie schien nur darauf zu warten, daß ihre neue Mutti kam und sie mitnahm.

„Ist sie nicht süß?" rief Laura. „Sie kann noch nicht sehr lange hier sein."

„Sie ist wunderschön!" stimmte Kati zu. „Laß uns hineingehen und sie einmal auf den Arm nehmen."

Laura nahm die Puppe und drückte sie an sich. „Mmm! Dich würde ich gerne mit nach Hause nehmen! Ich würde dich Susi nennen."

Abwechselnd trugen Laura und Kati Susi durch den ganzen Laden. Sie schauten sich alle anderen Puppen an. Beide waren sich einig, daß keine der anderen Puppen so niedlich war wie die kleine Susi.

„Es scheint, daß Susi genau die Richtige für dich ist", meinte Kati. Sie war ein bißchen traurig, daß Lauras Geld nur für *eine* Susi reichte.

Laura lächelte die Puppe an. „Ich werde dich wieder in deine Ecke setzen, Susi. Aber vielleicht komme ich zurück, um dich zu holen."

„Warum kaufst du Susi nicht, Laura?" fragte Kati.

„Ich will erst mit meiner Mutti sprechen", sagte Laura. In ihren Augen blitzte es. „Los, komm, ich bringe dich nach Hause!"

An diesem Abend sprachen Laura und ihre Mutter lange über Susi und Kati.

„Mutti, Kati mag es nicht zugeben, daß sie gerne eine eigene Susi hätte. Aber ich habe gesehen, wie sie Susi angeguckt hat, als sie sie im Arm hielt. Kati hat nur eine alte, abgeschabte Puppe. Es würde mir einfach keinen Spaß machen, mit Susi zu spielen – auch wenn ich sie mit Kati teilen würde. Ich weiß, daß Kati am liebsten eine eigene Puppe hätte. Ich wollte, ich könnte Kati eine Susi schenken ... aber ich wünsche mir auch eine Susi."

„Hmm", sagte die Mutter. „Vielleicht gibt es eine Möglichkeit, dieses Problem zu lösen. Ich will heute abend darüber nachdenken. Laß uns

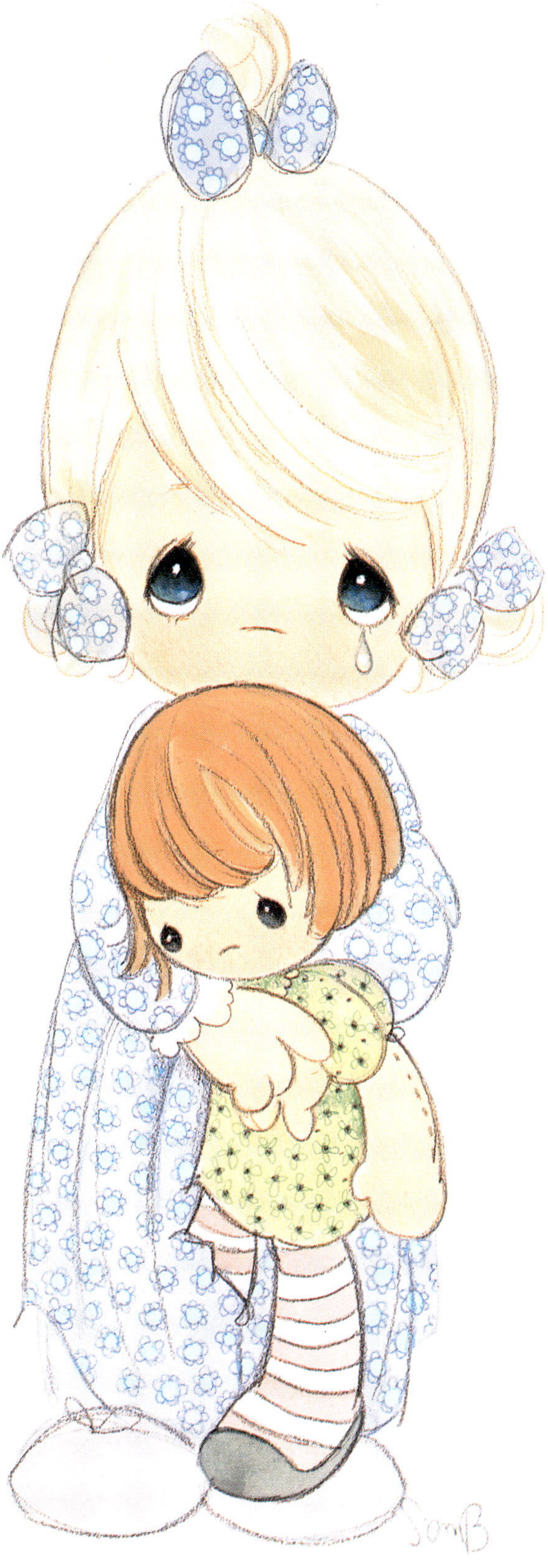

auch darüber beten. Und nun geh schlafen. Träum' was Schönes!"

Am nächsten Morgen bemerkte Laura, daß Mutters Augen funkelten, als ob sie sich eine Überraschung ausgedacht hätte. Aber Mutter wollte ihr das Geheimnis nicht verraten.

„Laß uns im Spielzeugladen vorbeischauen", schlug Laura vor, als Kati am Nachmittag zum Spielen herüberkam.

Zusammen liefen die Freundinnen zum Laden. Sie schauten nach Susis Ecke im Schaufenster, aber ... sie war nicht mehr da!

„Vielleicht haben sie sie woanders hingesetzt", meinte Kati. „Schauen wir drinnen nach!"

Husch! öffneten sie die Tür. Sie rannten zur Puppenabteilung, doch keine Susi war zu sehen!

„Sie ist weg! Ich wette, jemand hat sie gekauft! Was sollen wir jetzt machen?" rief Laura enttäuscht.

Langsam trotteten die beiden Freundinnen zurück. Sie machten sehr traurige Gesichter, und ab und zu lief eine Träne an ihren Wangen herunter.

Kati unterdrückte einen Schluchzer.
Laura unterdrückte zwei Schluchzer.
Sie waren so traurig!

Zu Hause wartete Lauras Mutter auf die beiden. Auf ihrem Gesicht lag ein geheimnisvolles Lächeln, und ihre Augen funkelten immer noch.

„Kommt herein, Mädchen! In Lauras Zimmer wartet eine Überraschung auf euch", verkündete sie strahlend.

„Nichts, gar nichts, nicht einmal eine Überraschung kann uns heute fröhlich machen, Mutti!" rief Laura betrübt.

„Oh, warum denn?" wollte Mutter wissen.
„Susi ist weg! Sie ist nicht mehr im Spielzeugladen", schluchzte Kati.

„Wirklich?" fragte Mutter. Sie schien über diese Neuigkeit überhaupt nicht erstaunt zu sein.

In einer Ecke von Lauras Zimmer lagen zwei Päckchen. Sie sahen genau gleich aus, aber auf dem einen stand „Für Kati" und auf dem anderen „Für Laura".

„Na, dann los", sagte Mutter. „Packt sie zusammen aus. Auf die Plätze – fertig – los!"

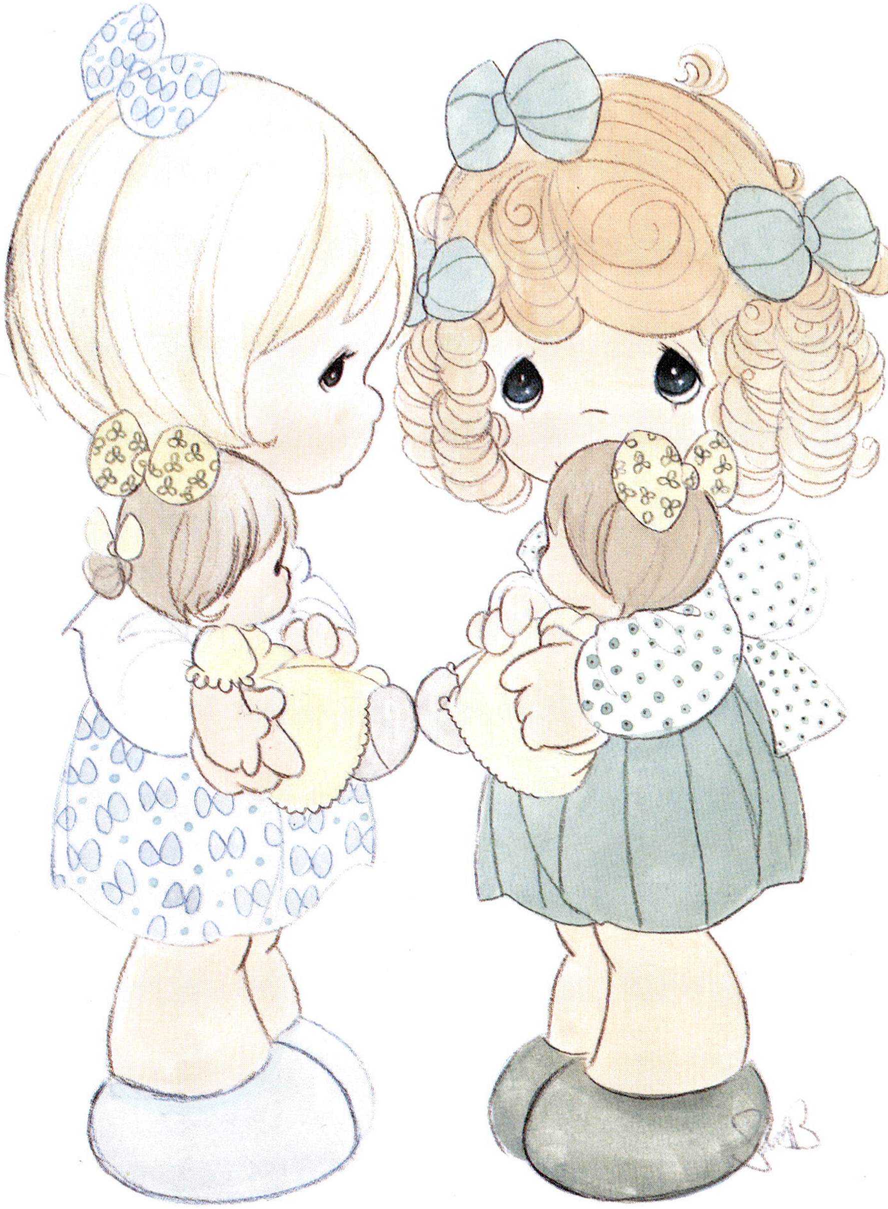

Es raschelte gewaltig, als die beiden sich ans Werk machten! Dann herrschte auf einmal atemlose Stille. Laura nahm eine Babypuppe aus ihrer Schachtel. Und auch Kati nahm eine Babypuppe aus ihrer Schachtel.

„Susi!" rief Laura.

„Oh, schau mal!" rief Kati. „Ich habe auch eine Susi."

Beide Mädchen strahlten vor Freude.

„Weißt du was, Kati, wir nennen einfach deine Puppe Lisi und meine Susi", sagte Laura lachend.

Und nun war Mutter diejenige, die sich eine Träne von der Wange wischte. Aber es war eine glückliche Träne!

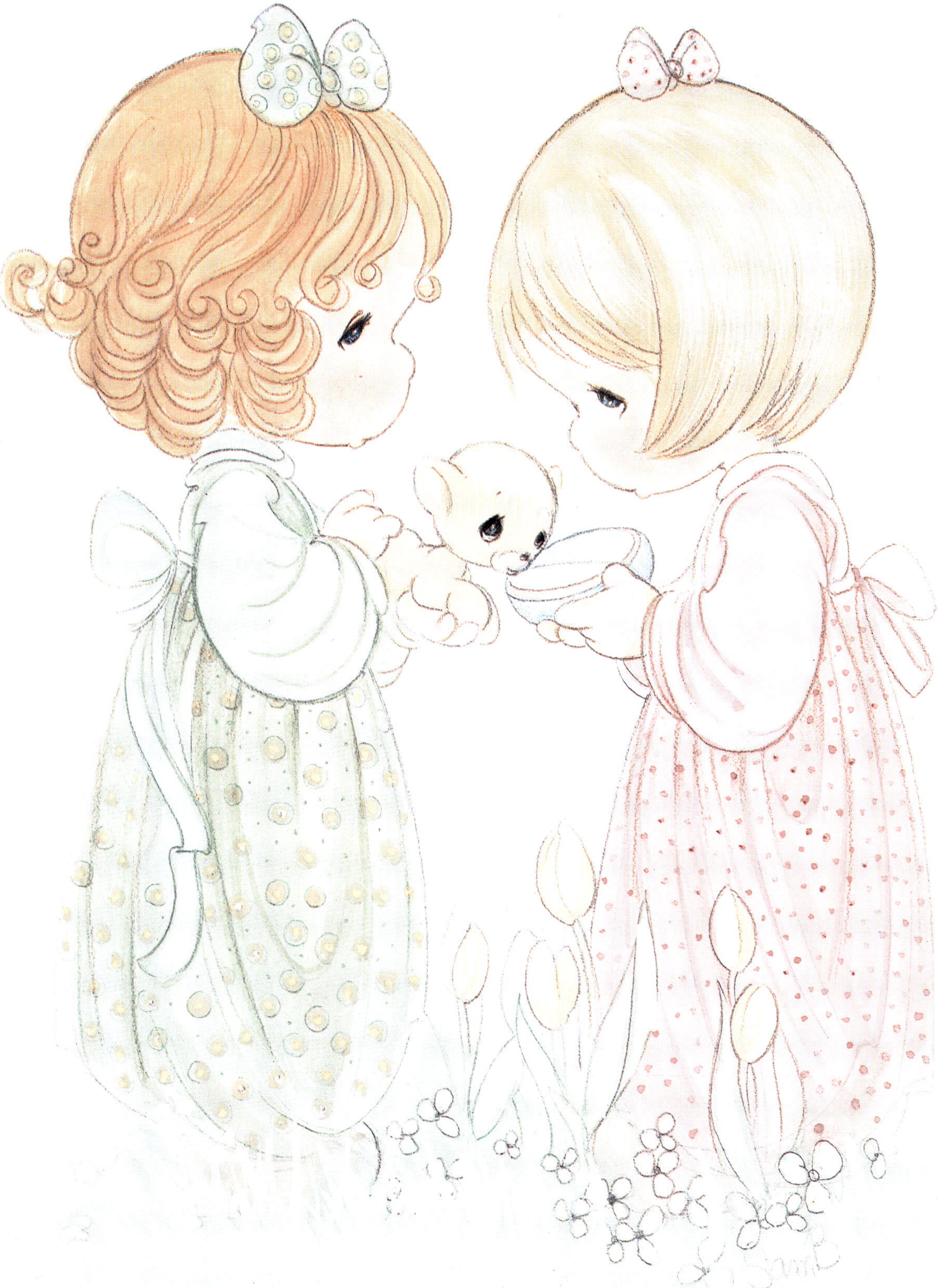

Das Echo

Christian war einsam, sehr einsam sogar! Seine Eltern waren vor kurzer Zeit mit ihm aufs Land gezogen. Dort gab es ein paar prima Hügel, und nah am Fluß konnte man einige abenteuerliche Höhlen entdecken. Man hätte sich beinahe keine schönere Gegend denken können. Aber Christian hatte niemanden, mit dem er spielen konnte! Er hatte keinen Freund! Das machte ihn traurig. Und heute war er besonders traurig und sehr einsam. Es war einfach kein guter Tag für Christian.

Er kletterte auf einen Hügel, um zu sehen, ob irgend jemand in der Nähe war, mit dem er spielen konnte. Nein, Christian konnte nirgendwo andere Jungen entdecken. Er sah auch keine Mädchen. Er sah keine Hunde. Er sah keine Kätzchen. Er war allein auf dem Hügel. Niemand war zu finden!

„Ich frage mich, ob vielleicht auf dem Hügel da drüben ein anderer Junge ist. Es ist zu weit weg, um jemanden zu sehen. Vielleicht hört mich jemand, wenn ich rufe", überlegte Christian.

Er holte tief Luft und rief so laut er konnte: „H-a-l-l-o!"

Zu seiner Überraschung hörte er von der anderen Seite her eine Antwort.

„H-a-l-l-o!" tönte es zu ihm herüber.

„Na, was sagst du dazu?" Christian kicherte leise vor sich hin. „Da drüben auf dem Hügel ist ein kleiner Junge, und es klingt, als ob er so alt ist wie ich."

„Wie geht es dir?" rief Christian.

„Wie geht es dir?" kam es von drüben.

„Mir geht es gut", antwortete Christian. „Wie geht es dir?"

„Mir geht es gut. Wie geht es dir?"

„Ich habe schon gesagt, daß es mir gut geht!" schrie Christian.

„Ich habe schon gesagt, daß es mir gut geht!" kam es zurück.

„Hmm", sagte Christian leise, fast wie zu sich selbst. „Was das wohl für ein Junge ist? Jedesmal, wenn ich ihm etwas zurufe, ruft er genau das gleiche zu mir zurück. Will der mich etwa auf den Arm nehmen?"

„He, machst du dich etwa über mich lustig?" empörte sich Christian.

„He, machst du dich etwa über mich lustig?" kam es von der anderen Seite.

„Na gut, du Frechdachs, ich komm' rüber und geb's dir!" drohte Christian.

„Na gut, du Frechdachs, ich komm' rüber und geb's dir!" gab die Stimme zurück.

Christians Gesicht lief rot an. Er war wütend. Er dachte sich ein paar nicht so nette Sachen aus, die er dem „Kleinen" auf dem anderen Hügel sagen wollte. „Aber was geschieht, wenn er stärker ist als ich? Wenn er nun schon ein großer Junge ist? Wenn er zwei Meter lang ist?"

Plötzlich bekam Christian Angst. Er bekam eine Riesenangst! So schnell wie möglich rannte er den Hügel hinab, stürmte ins Haus und verkroch sich unter seiner Bettdecke.

„Nanu, Christian!" wunderte sich seine Mutter. „Stimmt etwas nicht?"

„Es ist dieser Junge auf dem anderen Hügel, Mama. Ich wollte nett zu ihm sein, und auf einmal fing er an, mich zu beschimpfen!"

„Hmm, das ist merkwürdig. Bist du sicher, daß du ihn nicht zuerst beschimpft hast?" fragte die Mutter.

„Nein, Mama, da bin ich ganz sicher. Er hat angefangen", sagte Christian und schaute vorsichtig unter der Bettdecke hervor.

„Nun, ich habe eine Idee", meinte die Mutter. „Laß uns gemeinsam auf den Hügel gehen. Dann sagst du diesem Jungen, daß es dir leid tut, ihm gemeine Sachen zugerufen zu haben!"

„Das geht nicht, Mama", sagte Christian entsetzt. „Du verstehst das nicht. Er ist größer als ich, und er wird sich nie mit mir vertragen!"

„Komm nur, du bist ja nicht allein", sagte die Mutter. „Laß uns jetzt gehen! Wir versuchen es einfach mal."

Zögernd kroch Christian unter seiner Bettdecke hervor. Er hatte keine Lust, noch einmal auf den Hügel zu steigen und mit diesem großen, gemeinen Jungen zu reden. Für heute hatte er genug Ärger mit ihm gehabt! Er wollte sogar lange Zeit nichts mehr mit ihm zu tun haben – vielleicht nie mehr. Lieber wollte er traurig und einsam sein, als mit diesem Schuft zu reden. Aber Christian wußte, daß er seiner Mutter gehorchen mußte.

Also zogen sie los.

Christians Knie zitterten, als er langsam auf den Hügel stieg. Seine Mutter war bei ihm, aber das half ihm nicht ein bißchen – na ja, eigentlich doch ein kleines bißchen. Als sie auf dem Gipfel angekommen waren, ließ Christian seinen Blick über das Tal wandern. Schließlich sah er zögernd zu dem riesigen Hügel auf der anderen Seite hinüber. Er starrte auf den Fuß des Hügels und schaute dann langsam zur Spitze hinauf.

„Ich hoffe nur, daß er nicht mehr böse auf mich ist", flüsterte Christian vor sich hin. „So oder so – wenn ich schon einmal hier oben bin, kann ich auch tun, was Mutter gesagt hat."

„Es tut mir sehr leid", rief Christian – wenn auch nicht annähernd so laut wie vorhin, als er zum ersten Mal mit dem „großen gemeinen Jungen" geredet hatte.

„Es tut mir sehr leid", antwortete die Stimme.

Christian drehte sich überrascht zu seiner Mutter. „Ich kann es gar nicht glauben, Mama", meinte er. „Ihm tut es auch leid."

„Willst du mein Freund sein?" fragte Christian gespannt.

„Willst du mein Freund sein?" kam es zurück.

„Ja, ich will dein Freund sein!" schrie Christian.

„Ja, ich will dein Freund sein!" rief die Stimme.

Die Mutter und Christian umarmten sich, und Christian sagte: „Mama! Endlich habe ich einen neuen Freund gefunden. Der Junge da drüben ist nicht mehr böse auf mich."

Die Mutter lächelte Christian nur an.

„Siehst du", sagte sie, „wenn man nett zu jemandem ist, findet man am leichtesten einen Freund."

Die Mutter verriet Christian noch nicht, was es mit dem Echo auf sich hat. Darüber würden sie sprechen, wenn sie ihn heute abend im Bett einkuschelte.

Yen findet einen Freund

Yens Mutter steckte den Kopf in die Küche, als Yen gerade frühstückte. „Großvater ist da!" rief sie.

Yen war vor kurzem um die halbe Welt gereist und nach Amerika umgezogen. Alle seine Freunde waren in China – weit, weit fort –, und Yen fühlte sich sehr allein. Heute jedoch war ein ganz besonderer Tag! Großvater wollte mit ihm in den Zoo gehen. Yen war noch nie in einem Zoo gewesen, und er war schon ganz aufgeregt. „Hallo, Großvater", sagte der kleine Junge. Großvater umarmte Yen und drückte ihn fest an sich.

„Ich habe dich vermißt, Yen. Und ich habe dir etwas mitgebracht, weil heute ein ganz besonderer Tag ist", sagte Großvater.

Yen riß das Papier auf. Ein leuchtend rotes T-Shirt kam zum Vorschein. Vorne und hinten stand in weißen Buchstaben „YEN" darauf.

„Oh, danke schön, Großvater", sagte der kleine Junge. „Ich will es jetzt gleich anziehen. In einer Minute bin ich wieder da!"

Bald machten sich Großvater und Yen auf den Weg. Als sie in den Zoo kamen, sahen sie zuallererst ein großes Tier mit einer ganz merkwürdigen Haut. Sie sah aus wie das Leder, aus dem Schuhe gemacht werden.

„Oh, wie groß!" staunte Yen. „Wie heißt es?"

„Das ist ein Nashorn!" erklärte Großvater. „Du wirst noch viel mehr ungewöhnliche Tiere hier sehen. Schau mal dort drüben. Weißt du, wie man dieses Tier nennt?"

Yen schüttelte den Kopf. „Nun, es hat vorne am Bauch eine große Tasche. Nennt man es vielleicht irgendwas mit ‚Tasche'?" „Nein", sagte Großvater. „Es heißt Känguruh. In dem Beutel trägt es sein Baby. Känguruhs kommen aus Australien. Das ist noch weiter weg als China."

„Ob es wohl einsam ist? Es hat alle seine Freunde in Australien gelassen!" überlegte Yen traurig.

Großvater lächelte und umarmte ihn. „Es scheint sich nicht einsam zu fühlen. Ich meine, ich sehe ein Lächeln auf seinem Gesicht. Bestimmt hat es hier viele neue Freunde gefunden! Siehst du diesen blauen Vogel? Er singt ein Lied nur für das Känguruh. Und hier ist noch ein Känguruh. Da drüben tummeln sich ein paar Häschen, die mit ihm spielen wollen. Ich glaube, ihm gefällt es in seiner neuen Heimat." 
Sie gingen weiter. Nun kamen sie zu einem Schild, auf dem „Giraffengehege" stand.

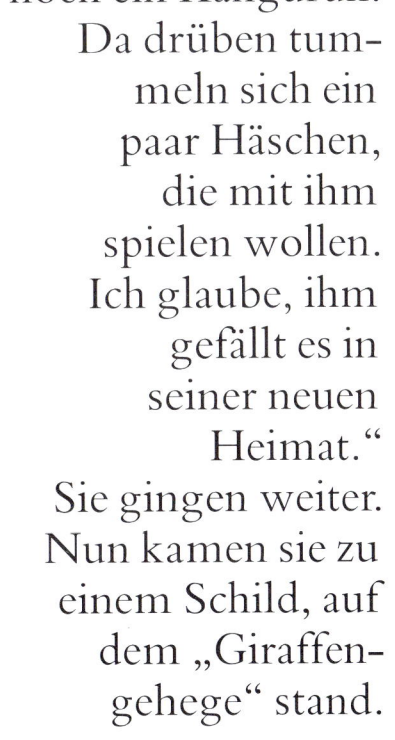

Dort wuchsen große Bäume und hohes Gras.

Yen zeigte auf ein Tier mit einem ganz, ganz langen Hals. „Wo hat dieses Tier gelebt, Großvater?"

„Laß mich überlegen – ich glaube, es kommt aus Afrika", sagte Großvater. „Wahrscheinlich hat es ganz in der Nähe der Elefanten gelebt, an denen wir gerade vorbeigegangen sind. Vielleicht waren sie in Afrika Nachbarn, und darum hat sie der Zoowärter hier auch als Nachbarn untergebracht. Sieht die Giraffe nicht fröhlich aus? Ich glaube, sie mag ihr Zuhause."

„Hast du Hunger, Yen?" erkundigte Großvater sich dann. „Wie wär's mit was zum Knabbern?"

„Au ja, Großvater", sagte Yen. „Da drüben gibt es Popcorn. Laß uns das probieren!"

„Eine gute Wahl", meinte Großvater und kaufte eine Tüte Popcorn.

Yen und Großvater setzten sich auf eine Bank, um sich auszuruhen. Großvater wollte Yen etwas erzählen. „Manchmal", begann Großvater, „fühlt man sich an einem neuen Ort sehr einsam. Aber jetzt haben wir gesehen, daß die Tiere in ihrer neuen Heimat glücklich sind und neue Freunde gefunden haben. Vielleicht kannst du dir jetzt vorstellen, daß auch du an einem neuen Ort fröhlich sein kannst."

„Weißt du", fuhr Großvater fort, „ich habe einmal in der Bibel eine Geschichte über einige Männer gelesen, die sehr einsam waren. Sie

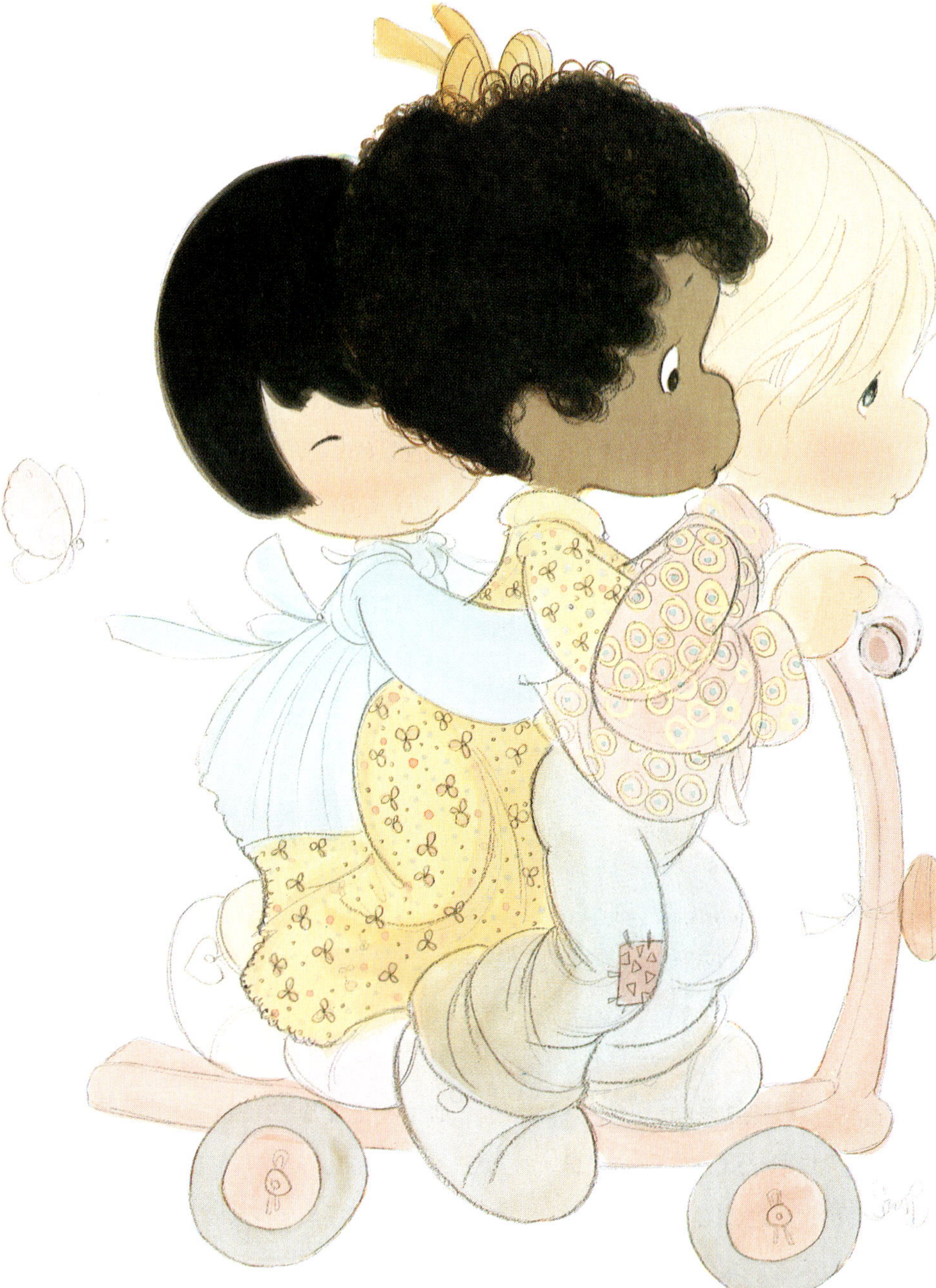

waren Freunde von Jesus, und sie dachten, Jesus würde fortgehen und sie allein lassen. Jesus wußte, wie einsam sie sich fühlten. Denn er war selbst einmal so einsam gewesen. Er hatte damals keine Freunde gehabt. Alle Freunde hatten ihn verlassen, weil sie Angst hatten.

Jesus wußte, daß es nur eine Möglichkeit gab, seine Freunde wieder fröhlich zu machen. Er gab ihnen ein besonderes Versprechen: ‚Ich werde euch niemals verlassen. Ich werde immer bei euch sein.'

Weißt du, Yen, Jesus hat das auch mir versprochen. Und auch dir wird er das gleiche Versprechen geben, wenn du ihm glaubst. Er wird immer dein bester Freund sein. Und ich glaube, er wird dir auch hier bald ein paar gute Freunde geben. Laß uns jetzt mit Jesus reden. Laß uns zu ihm beten. Wir wollen ihn bitten, dein allerbester Freund zu sein, dir neue Freunde zu geben und dir zu helfen, dich in deiner neuen Heimat wohl zu fühlen."

Nachdem Großvater dies alles gesagt hatte, ging es Yen schon viel besser.

„Nun, ich weiß, daß du manchmal einige Dinge vermissen wirst, die du in deinem alten

Zuhause hattest. Darum möchte ich, daß wir jetzt ein ganz besonderes Tier besuchen. Komm, ich will es dir zeigen!"

Nun wurde Yen ganz aufgeregt. Was für ein Tier mochte Großvater meinen? Wer könnte dieses ganz besondere Tier sein? Sie gingen den ganzen Weg bis zum anderen Ende des Zoos. Schließlich standen sie vor einem großen Bambushain. Und dort auf dem Boden rollte sich ...

„Ein Panda!" rief Yen. „Oh, Großvater, er ist den ganzen Weg von China hierhergekommen, genau wie ich!"

Der zottige kleine schwarz-weiße Panda schaute zu Yen auf und schien zu lächeln. Dann stellte er sich auf seine Füße und ging ein Stück weiter dorthin, wo Yen stand und ihm zuschaute.

„Bitte lächeln, Yen", sagte ein großer Mann, der plötzlich bei ihnen aufgetaucht war. „Ich möchte ein Bild von euch beiden machen. Ich werde sogar zwei Bilder machen, eins für dich und eins für mich. Ich habe eine besondere Art von Kamera, und du kannst dein Bild schon in einer Minute haben."

Yen lächelte so breit, wie er nur konnte. Und der Panda kam noch näher zu ihm heran.

Klick! Klick!
„Hier ist dein Bild", sagte der Mann. „Es ist gut geworden. Ihr beide scheint euch zu mögen."
„Vielen Dank", sagte Yen. „Vielen, vielen Dank!"

Yen hängte das Bild an die Pinnwand in seinem Zimmer. Und schon bald war es umringt von anderen Bildern, auf denen lächelnde Jungen und Mädchen zu sehen waren – Yens neue Freunde. Denn, weißt du, er fand neue Freunde, ganz wie Großvater gesagt hatte!

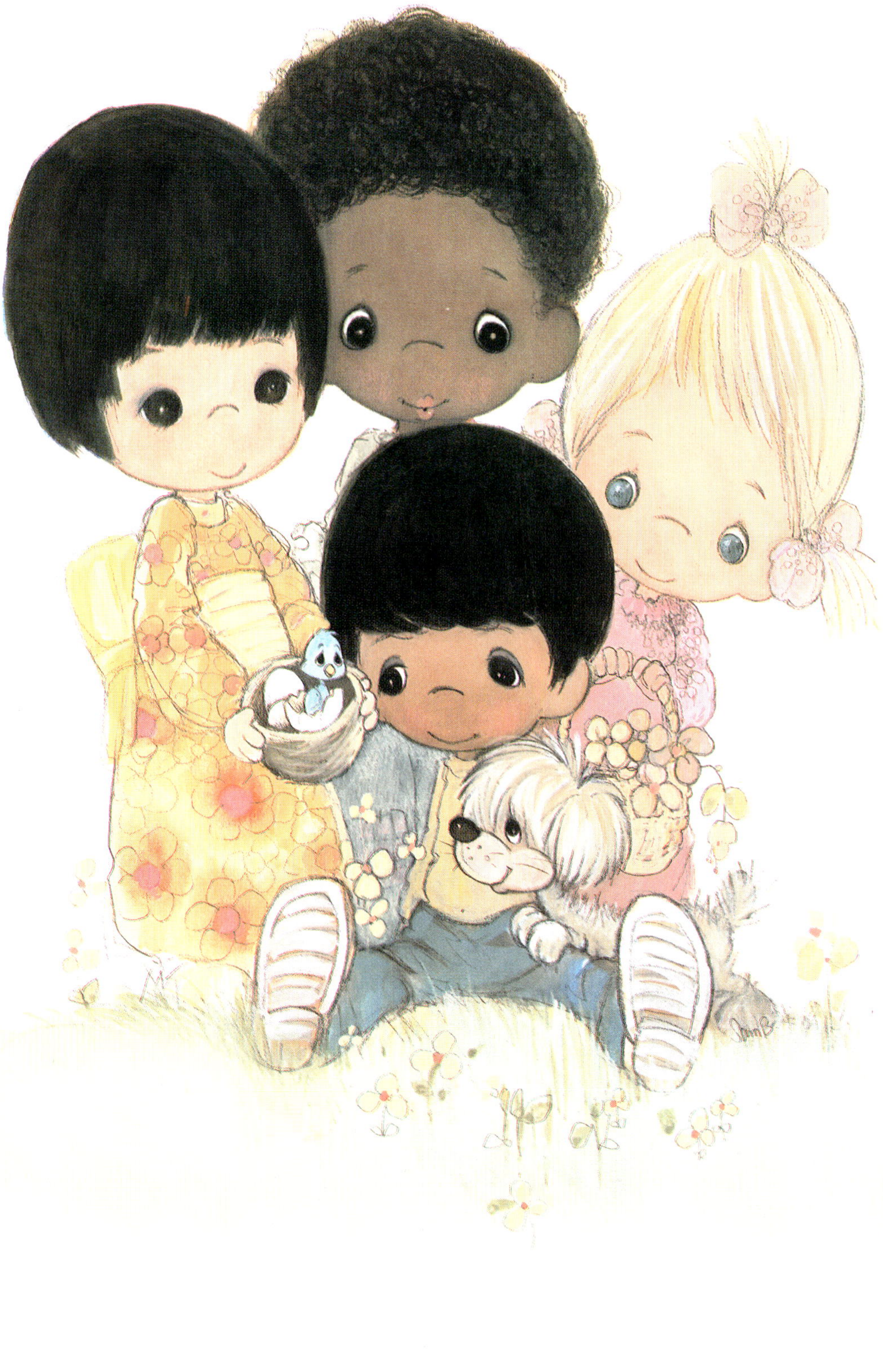

Kleiner Biber

„Kleiner Biber" war der Name eines Indianerjungen, der vor vielen, vielen Jahren lebte. Er war traurig, weil er niemanden hatte, mit dem er spielen konnte. Er war der kleinste Junge im Stamm. Alle anderen Jungen waren älter – alt genug, um Krieger zu sein. Und Indianerkrieger hatten viel zuviel zu tun, um mit einem kleinen Jungen zu spielen!

„Ich werde niemals groß genug sein, um ein Krieger zu werden!" sagte Kleiner Biber traurig zu seiner Mutter.

„Du mußt nur warten", tröstete sie ihn. „Ich weiß genau, wenn du groß bist, wirst du der beste Indianerkrieger sein, der je gelebt hat!"

Seine Mutter hatte meistens recht. Kleiner Biber lächelte, wenn er daran dachte, daß er einmal der beste Indianerkrieger aller Zeiten sein würde. Eines Tages fühlte sich Kleiner Biber so einsam, daß er beschloß, einen Freund zu suchen – egal, wie lange es dauern würde. Er kletterte auf den Gipfel des höchsten Hügels und zündete ein kleines Feuer an. Als es tüchtig qualmte, nahm er seine Decke und hielt sie über den Rauch. Nun ließ er in bestimmten Abständen kleine Rauchwölkchen heraus. Er schickte Rauchzeichen ab – eine Botschaft an jeden Indianer, der Rauchzeichen lesen konnte.

Die Botschaft von Kleiner Biber lautete: „Ich heiße Kleiner Biber. Ich bin traurig. Willst du kommen und mit mir spielen?"

Doch auf den anderen Hügeln waren keine Rauchzeichen zu sehen, die ihm Antwort gaben. Kleiner Biber setzte sich hin und wartete, ob nicht doch noch irgendwo ein Rauchzeichen emporsteigen würde.

Raschel, raschel, raschel! Irgend etwas kroch durch die Büsche und kam auf Kleiner Biber zu. War es jemand, mit dem er spielen konnte? Kleiner Biber ging leise zum Gebüsch hinüber.

Dann sah er, wer sich den Weg gebahnt hatte – eine liebliche Indianer-Prinzessin, die auf ihrem Rücken in einem Tragetuch eine Indianer-Babypuppe trug.

„Hallo!" lächelte sie. „Ich heiße Morgenstern."

„Hallo!" sagte Kleiner Biber.

„Ich habe dein Rauchzeichen gesehen und bin gleich hergekommen", meinte Morgenstern fröhlich.

„Oh, ich freue mich sehr, daß du das getan

hast", antwortete Kleiner Biber. „Ich bin so einsam und sehne mich nach einem Freund."

Die kleine Prinzessin lächelte. „Du siehst so stark und tapfer aus. Kannst du einen Pfeil weit und gerade schießen?"

„O ja, ich bin tapfer, sehr tapfer sogar", sagte Kleiner Biber stolz. „Und schau nur her – ich kann einen Pfeil so gut schießen wie ein Erwachsener. Siehst du das Häschen da drüben?"

Schnell spannte Kleiner Biber seinen Bogen, und schon flog der Pfeil durch die Luft.

„Au!" schrie das Häschen. Es rieb sich die Stelle, wo es von dem Pfeil getroffen worden war.

Das tat dem Kleinen Biber nun schrecklich leid, und er fühlte sich ganz elend. Tränen liefen ihm die Wangen hinunter. „Oh, es tut mir so leid, Häschen. Ich wollte Morgenstern nur zeigen, wie weit ich einen Pfeil schießen kann. Ich wollte dir nicht weh tun."

Das Häschen schaute auf und lächelte den Kleinen Biber an. Dann hoppelte es davon.

„O weh! Jetzt hat mich die Prinzessin weinen gesehen! Wahrscheinlich bin ich gar nicht so tapfer. Ich muß ihr klarmachen, daß ich dem

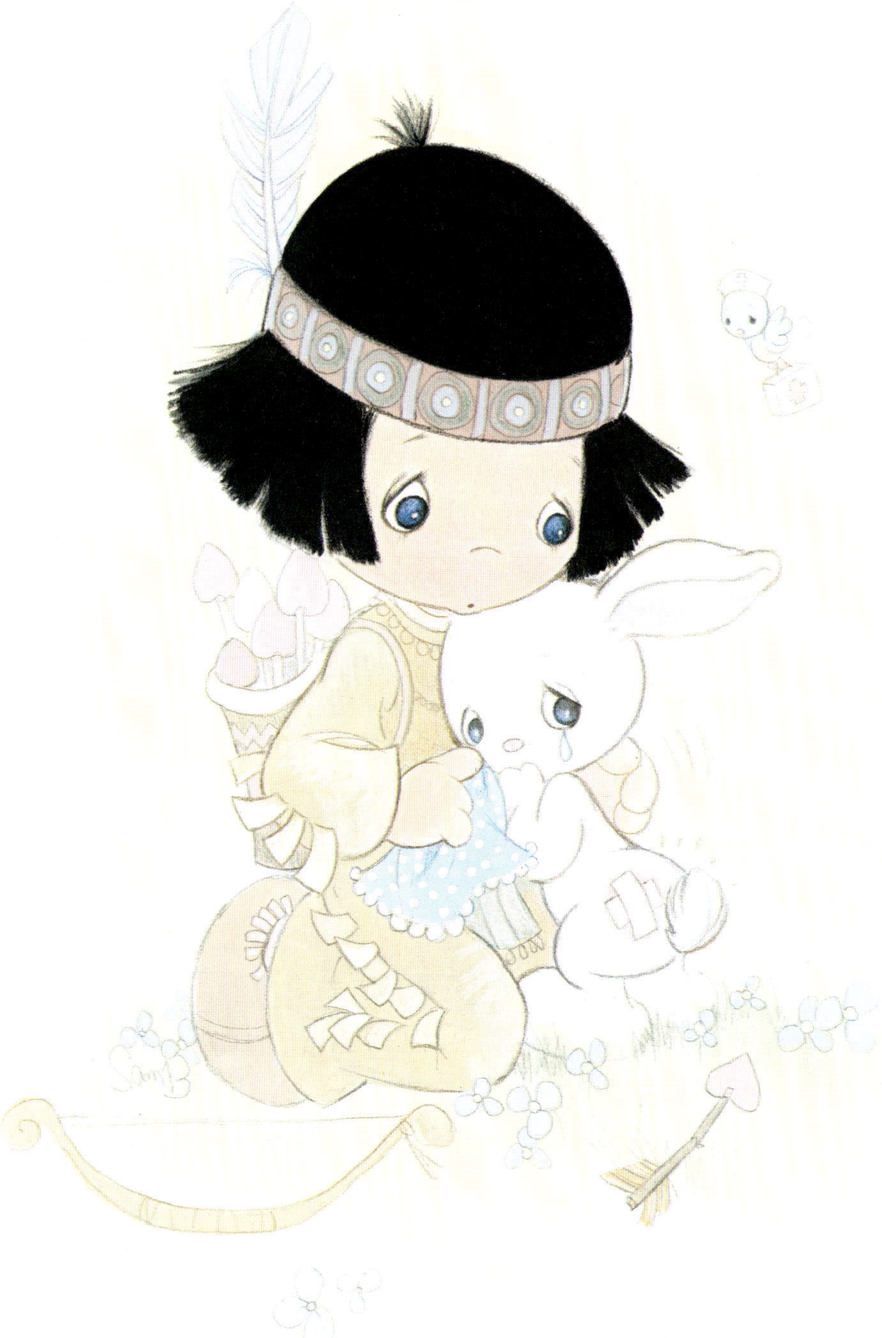

Häschen nicht weh tun wollte." Kleiner Biber war sicher, daß die Prinzessin ihn nun nicht mehr zum Freund haben wollte.

„Kleiner Biber!" rief da eine freundliche Stimme. Es war Prinzessin Morgenstern. „Du kannst gut mit Pfeil und Bogen umgehen, aber was noch wichtiger ist, du bist sehr, sehr freundlich. Ein Missionar ist einmal in unser Dorf gekommen und hat uns gelehrt, daß Freundlichkeit etwas ganz Wichtiges ist. Da sagte mein Vater, ich solle nach einem Freund suchen, der freundlich ist."

Kleiner Biber traute seinen Ohren kaum. Morgenstern wollte immer noch seine Freundin sein!

„Bitte, Kleiner Biber, laß uns zu meinem Vater gehen. Er wird sich freuen, was für einen guten Freund ich gefunden habe!"

Eilig bestiegen die beiden das Kanu, das dem Kleinen Biber gehörte, und paddelten zu Morgensterns Dorf. Kleiner Biber lernte Morgensterns Vater kennen, einen riesig großen Indianer. Morgenstern erzählte ihm die Geschichte vom Kleinen Biber und dem Häschen.

Der Häuptling lächelte. „Kleiner Biber, in

der Bibel steht: ‚Seid freundlich zueinander.' Ich möchte, daß Morgenstern Freunde hat, die freundlich zueinander sind und zu allen Geschöpfen, die Gott gemacht hat. Ich hoffe, daß ihr beide an vielen schönen Tagen miteinander spielen könnt. Und ich bin sicher, wenn du älter und größer bist, wirst du ein freundlicher und großer Indianerkrieger sein – vielleicht der beste, den es je gegeben hat!"

Familie

Ich kann was!

„Was meinst du, Opa?" fragte Timmy. „Werden wir heute viele Fische fangen?"

Der Teich glitzerte, als die Strahlen der hellen Sonne darauf fielen. Die Vögel sangen und freuten sich, daß es ein so schöner, sonniger Tag war.

„Na klar, Timmy", meinte Opa. „Es gibt Tage, die sind zum Angeln wie geschaffen ... und dies ist einer von ihnen!"

Platsch! Da war ein Fisch gesprungen. Da noch einer ... und noch einer. In dem Teich schwammen wirklich ein paar mächtige Brokken!

Timmy angelte zum ersten Mal, und Opa zeigte ihm, wie man den Haken und dann einen kleinen Senker an der Angelschnur befestigte. Dann schob Timmy einen rot-weißen Schwimmer auf die Schnur, damit er sehen konnte, wenn ein Fisch an dem Wurm knabberte. Es war schwierig, einen zappelnden, schlüpfrigen Regenwurm am Haken zu befestigen. Opa ließ es Timmy immer und immer wieder versuchen, bis es ihm richtig gelungen war.

„Okay, ihr Fische! Ich bin bereit!" sagte Timmy. Er wartete gespannt darauf, daß einer anbiß. Aber nichts geschah!

„He", sagte Opa, „ich hab' einen!" Und wirklich, er hatte eine wunderschöne Blauwange am Haken. Bald angelte er einen Sonnenfisch, dann noch eine Blauwange.

Allmählich wurde Timmy traurig, weil er noch keinen Fisch gefangen hatte, Opa dagegen schon drei. Plötzlich begann der rot-weiße Schwimmer zu wackeln. Timmy hatte einen Fisch an der Schnur! Er riß die Rute empor und begann, den Fisch ans Ufer zu ziehen. Es mußte ein riesiger Brocken sein! Timmys Augen leuchteten, und seine Muskeln spannten sich.

Da! Der Fisch riß sich los und fiel zurück in den Teich.

„Opa, ich habe ihn verloren! Ich bringe aber auch überhaupt nichts zustande." Timmy gab sich alle Mühe, nicht zu weinen.

„Oh, Timmy, es tut mir leid, daß dein Fisch

dir entwischt ist. Ich verliere auch eine Menge Fische. Das passiert immer wieder. Versuch es noch einmal!"

Timmy befestigte einen neuen Köder am Haken und warf die Schnur aus. Plopp! Schon hatte er wieder einen Fisch an der Angel. Timmy war so aufgeregt, daß er mit den Armen ruderte und sich einige Male um sich selbst drehte. Er war einfach noch nicht geübt darin, einen Fisch einzuziehen. Schließlich verhedderte er sich ganz und gar in der Schnur, und der Fisch landete oben auf seinem Kopf! Der Fisch war aber viel zu klein, um ihn behalten zu können.

„Opa, ich bringe einfach nichts zustande!" seufzte Timmy laut.

Opa legte seinen Arm um Timmys Schultern.

„Timmy, weißt du nicht, daß jeder etwas zustande bringen kann? Du mußt nur herausfinden, was du gut kannst, und es weiter kräftig üben."

„Wirklich, Opa? Was glaubst du, worin ich gut bin?"

„Nun, das weiß ich nicht genau. Als David, der König von Israel, ein kleiner Junge war, schoß er gern mit einer Schleuder. Jeden Tag übte er sich darin. Als er älter wurde, benutzte

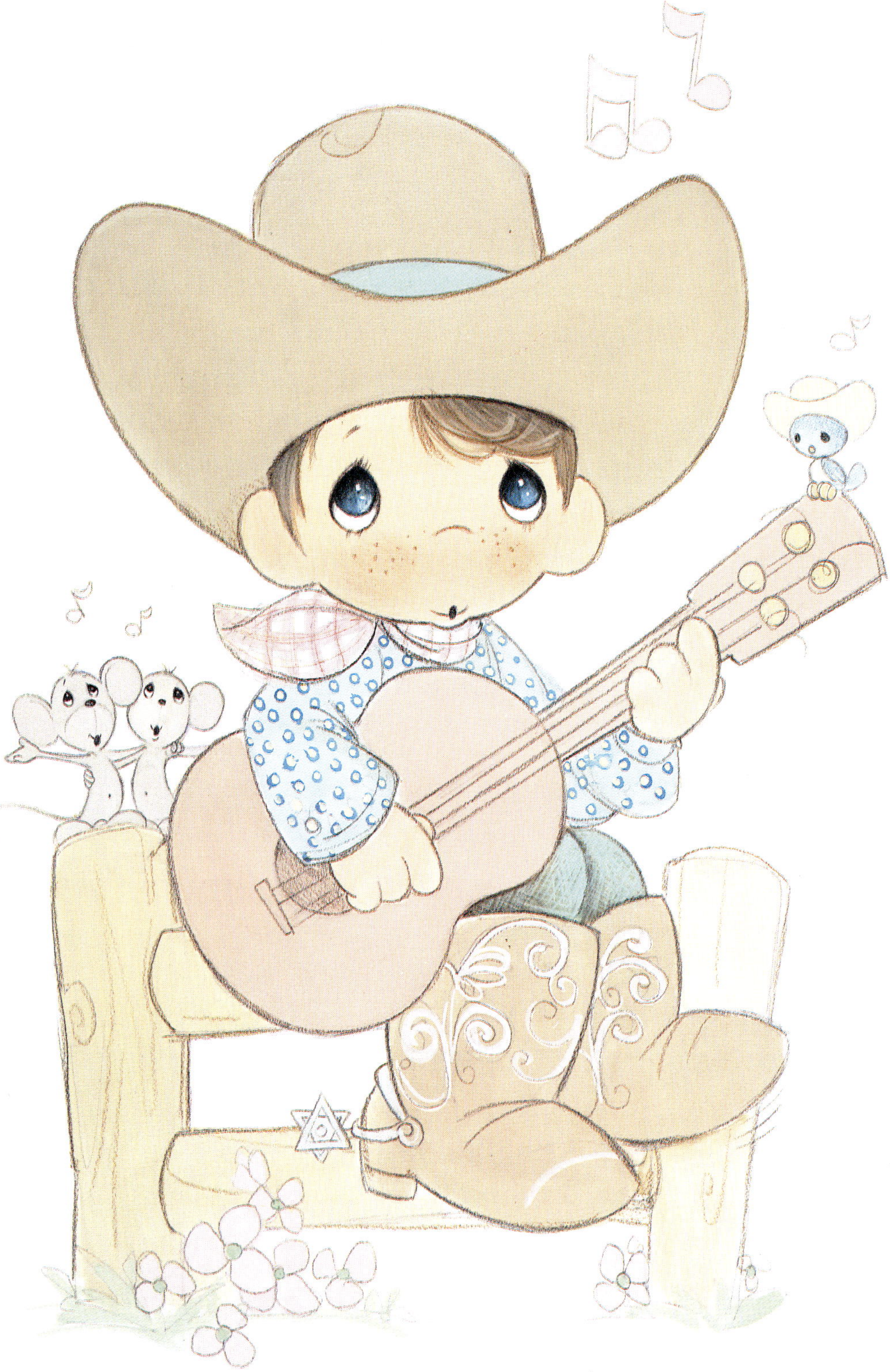

er eine Schleuder, um einen gewaltigen Riesen zu töten. David war ein großer Kämpfer, aber es gibt noch etwas, worin er sehr gut war – er konnte besser auf der Harfe spielen als irgend jemand sonst in seinem ganzen Königreich."

„Hmm, mit einer Schleuder kann ich nicht besonders gut umgehen", gab Timmy zu. „Aber ich kann ein bißchen Gitarre spielen."

„Na also", sagte Opa und nahm Timmy in den Arm. „Und ich weiß, daß du es noch besser lernen wirst. Du brauchst nur Zeit zum Üben."

„Hui! Da bewegt sich mein Schwimmer wieder! Dieses Mal kriege ich dich, du kleiner Wal!" Timmy zog die Schnur ein, schnell ... und vorsichtig.

An der Schnur zappelte zwar kein kleiner Wal, aber eine Blauwange – eine große Blauwange, größer noch als die, die Opa gefangen hatte.

„Du hast recht, Opa! Ich kann es, wenn ich es versuche! Oh, ich angle ja so gerne!"

Plopp! Der rot-weiße Schwimmer auf dem Wasser regte sich erneut.

„O schau, Timmy, es sieht so aus, als ob du schon wieder einen hättest!" staunte Opa.

Timmy lachte. „Ja, tatsächlich, Opa. Ich lerne gerade, ein richtiger Angler zu werden. Eines Tages bin ich vielleicht so gut wie du!"

Opa schmunzelte. „Höchstwahrscheinlich, Timmy. Aber ich hoffe, im Gitarrenspielen wirst du besser als ich. Komm, es ist Zeit, nach Hause zu gehen und die Fische zu braten. Und vielleicht willst du heute nachmittag ja ein bißchen Gitarre üben!"

„Klar, Opa", sagte Timmy. „Warte nur! Bald spiele ich ein Lied ganz allein für dich!"

Ein Regentag

„O nein! Nicht schon wieder Regen!" seufzte Martin. „Ich will, daß es sofort aufhört zu regnen!"

Martins Laune war an diesem Morgen nicht besonders gut. Seine Mutter meinte sogar, er sei schlechter Laune. Es war beinahe Martins *sehr* schlechte Laune.

„Nun, warum spielst nicht etwas Schönes?" fragte seine Mutter. „Ich will nichts Schönes spielen. Ich will nach draußen und schaukeln und laufen und Ball spielen!" „Lies doch ein Buch!" schlug die Mutter vor. „Ich will kein Buch lesen!" gab Martin zurück. Martins schlechte Laune wurde immer schlimmer. Seine Mundwinkel zogen sich tiefer und tiefer. Da legte seine Mutter ihren Arm um Martin und sagte mit ermahnender Stimme:

„So, jetzt wirst du mir ein wenig helfen. Geh nach oben, zieh dich an und räume deinen Schrank auf!"

„Oh, Mama, muß ich?" maulte Martin.

„Ja, du mußt. Ab nach oben, und zwar jetzt gleich!"

Martin stapfte die Stufen empor. Er mochte Regentage überhaupt nicht. Noch weniger gefiel es ihm, seinen Schrank aufzuräumen.

Er öffnete die Schranktür. Im Innern herrschte ein heilloses Durcheinander!

Peng! Er nahm einen Schuh und warf ihn hinaus. Peng! Der zweite Schuh hätte beinahe sein Hündchen getroffen.

„Puh, die Socken stinken. Und die alten Turnschuhe auch!" Und schon flogen sie mit zwei etwas leiseren „Pengs" hinaus.

Da entdeckte Martin in einer Ecke ein verstaubtes altes Buch.

„Was ist denn das für ein Buch? Ich kann mich nicht erinnern, es schon einmal gesehen zu haben. Es riecht richtig nach Staub!"

Neugierig öffnete er das Buch. Jemand hatte etwas auf die Innenseite des Buchdeckels geschrieben.

Für unseren lieben Sohn
Martin
Von Mutter und Vater
1920

„1920? Ich bin doch erst vor ein paar Jahren geboren!" murmelte Martin. „Oh, jetzt verstehe ich! Dieses Buch hat mein Uropa Martin bekommen, als er noch ein kleiner Junge war."

Vorsichtig schlug Martin die nächste Seite auf. Dort las er: „Biblische Geschichten für Kinder".

Und plötzlich öffnete sich für Martin eine wunderbare Welt der Abenteuer – Geschichten über Könige und einen Riesen und einen feurigen Wagen! Er las von einem Esel, der sprechen konnte, von einem Mann, der über das Wasser ging, und einem riesigen Netz voller Fische.

Eine Seite nach der anderen blätterte Martin um. Er lächelte, als er die Geschichte vom Guten Hirten las, und stellte sich vor, selbst nach einem verlorenen Schaf zu suchen. Er malte sich aus, wie er sich freute, wenn er es endlich gefunden hatte.

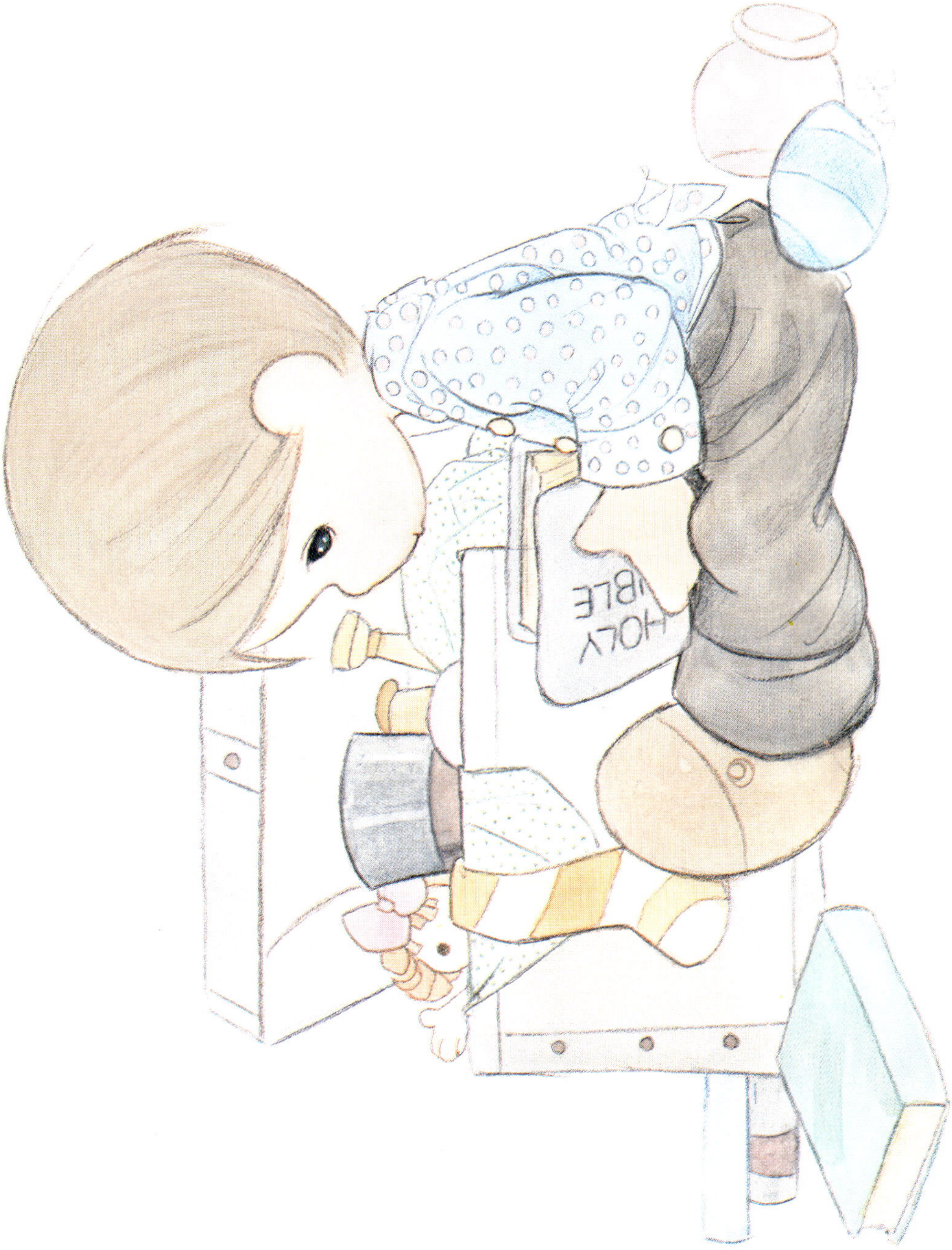
HOLY

Martin wünschte sich, er könnte eines von den Kindern sein, die auf Jesu Schoß kletterten.

Dann stellte er sich vor, mit dem Apostel Paulus auf einer Missionsreise zu sein. Es machte so viel Freude, den Menschen die gute Nachricht von Jesus zu bringen!

Nach den beiden lauten und den beiden leiseren „Pengs" hatte Martins Mutter keine Geräusche mehr gehört. Auf Zehenspitzen schlich sie die Treppe hinauf und schaute in sein Zimmer. Da saß er, halb drinnen in seinem Schrank und halb draußen, und las unaufhörlich.

„Martin, du bist beinahe zwei Stunden hier oben gewesen. Schau! Die Sonne scheint. Jetzt kannst du nach draußen gehen."

„Mama, ich habe das schönste Buch, das es gibt, in meinem Schrank gefunden! Es handelt von Königen und einem Riesen und von der Zeit, als Jesus auf der Erde lebte, und ..."

„Ich freue mich, daß du etwas entdeckt hast, das dir so viel Freude macht, Martin. Dies ist ein ganz besonderes Buch. Dein Urgroßvater hat darin gelesen, als er noch ein kleiner Junge war."

Auf einmal hatte Martin gute Laune. Er war

fröhlich. Seine Mundwinkel zogen sich zu einem breiten Lächeln nach oben.

Die Sonne schaute heraus.

Gleich würde er laufen und schaukeln und Ball spielen!

Seine Freunde riefen nach ihm.

Und während des Regens hatte er einen kostbaren Schatz gefunden!

Philipp ist fleißig

Gerade wurde es hell, da liefen Philipp und sein Hündchen Tippy auch schon aus dem Haus. Sie wollten zum Fluß, um ein paar große Fische zu fangen. Doch Philipp war noch müde, und die helle, warme Sonne machte ihn sehr schläfrig. Er schloß die Augen. Es dauerte nicht lange, und Philipp war beinahe eingeschlafen.

Zack, zack, zack! Etwas zog an der Angelschnur. Das war nicht nur ein vorsichtiges Knabbern – dieser Fisch zog, als wollte er den Wurm schlucken und die Schnur und die ganze Rute! War der etwa zehn Pfund schwer?

Philipp öffnete die Augen und schüttelte den Kopf. Sein Schwimmer lag ruhig im Wasser. Kein Fisch zappelte daran! Nicht einmal ein kleiner.

Zack, zack! Zack! Zack!

„Tippy, was machst du denn da?" rief Philipp. Tippy war es, der an der Schnur zog. Er wollte spielen.

„Na gut", meinte Philipp und packte einen Ball aus seinem Angelbeutel. „Laß uns spielen. Mit dieser schäbigen Rute fange ich sowieso nichts. Wenn Papa heute abend nach Hause kommt, werde ich ihm sagen, daß ich eine richtige Angelrute brauche, nicht bloß so einen Ast."

Als Papa es sich am Abend in seinem Lieblingssessel bequem gemacht hatte, setzte sich Philipp vor ihm auf den Boden und sagte ganz ruhig: „Papa, ich muß mit dir über etwas Wichtiges reden."

„Worum geht es denn, Philipp?" fragte Papa.

Philipp schaute traurig drein. „Ich habe den ganzen Sommer über den gleichen schäbigen alten Ast zum Angeln benutzt, und ich fange nie etwas damit. Ich brauche eine richtige Rute, Papa. Keines der anderen Kinder muß einen Stock benutzen. Anne hat gestern drei Fische mit ihrer neuen Rute gefangen. Und weißt du was? Ihr Papa hat sie ihr gekauft."

Philipps Vater lächelte und sagte: „Philipp, du kannst jederzeit eine neue Angelrute bekommen. Aber du wirst sie selbst kaufen müssen."

„Aber Papa!" entgegnete Philipp. „Ich habe doch gar kein Geld!"

„Ich könnte dir eine Rute kaufen, Philipp, aber ich will dir sagen, warum ich es nicht tue. Erinnerst du dich an den Schlitten, den du im letzten Winter unbedingt haben mußtest? Du hast ihn zweimal benutzt und dabei entdeckt, daß es sich in einem Pappkarton viel besser rutschen läßt. Ich glaube, wenn du dir das Geld für die Angelrute selbst verdienst, wirst du sie viel mehr zu schätzen wissen."

An diesem Abend schmiedete Philipp Pläne. Bevor er einschlief, dachte er darüber nach, daß er Rasen mähen und Gras harken und Unkraut jäten könnte.

Am nächsten Morgen lief Philipp nach dem Frühstück zu Frau Bronner hinunter. Er fragte sie, ob er ihren Hund ausführen könnte. Frau Bronner freute sich, Philipp zu sehen. Sie bot ihm an, ihm etwas Geld dafür zu geben, daß er ihrem Hund Bewegung verschaffte. Philipp hatte Spaß daran. Auch Tippy freute sich, als sie zu dritt einen langen Spaziergang machten und durch die Wälder liefen.

Mit lautem Geklimper fielen einige Münzen in Philipps Sparschwein. Doch Philipp brauchte noch mehr Geld. Deshalb ging er zu den Nachbarn und fragte, ob er ihnen beim Unkrautjäten oder Rasenmähen helfen könnte. Den ganzen Vormittag war er beschäftigt, und schließlich konnte er noch mehr Geld in sein Schweinchen stecken. Klimper! Klimper! Puff! Er hatte sogar einen Schein bekommen, den er stolz durch den Schlitz schob.

Am nächsten Tag war es heiß – zu heiß, um hart zu arbeiten. „Sogar dir ist es zu heiß, Tippy!" sagte Philipp zu seinem Hündchen. „Ich weiß was! Ich werde Limonade verkaufen. Das ist genau der richtige Tag, um etwas Kaltes zu trinken."

Philipp holte Papas Hammer, und mit ein paar kräftigen Schlägen zimmerte er aus einigen Brettern einen Limonadenstand. Dann bereitete er einen großen Krug Limonade mit Eiswürfeln zu. Philipp baute seinen Stand unter dem Ahornbaum auf und wartete auf die Kunden. Nach ein paar Minuten hielt der

Briefträger bei ihm an und kaufte zwei Gläser Limonade. Dann kamen ein Opa und eine Oma vorbei. Bald war Philipps Limonadenkrug leer, doch seine Taschen waren ganz schwer von lauter Münzen. Gab das ein fröhliches Geklimper, als er sie ins Sparschwein steckte!

Die ganze Woche über arbeitete Philipp hart. Jeden Tag wanderten mehr Münzen in sein Sparschwein. Manchmal knisterte es sogar – dann hatte er einen Geldschein hineingestopft.

Am Samstag schüttelte Philipp das ganze Geld aus dem Sparschwein heraus und zählte es. Was für eine Überraschung! Es war mehr als genug für die Angelrute, die Philipp sich wünschte.

„Papa! Papa!" rief Philipp. „Ich kann mir jetzt selber eine Angelrute kaufen!"

„Ich bin stolz auf dich, Philipp", sagte Papa und nahm ihn kräftig in den Arm.

Philipp und Tippy rannten zum Laden und suchten eine Angelrute aus. Nachdem sie bezahlt hatten, kauften sie beim Eismann ein großes Eis. Doch bevor Philipp daran lecken konnte, machte es „plopp!", und das Eis war

auf dem Boden gelandet. Tippy stürzte sich sofort darauf.
Philipp kicherte. „Na gut, Tippy, ich glaube, heute haben wir beide etwas ganz Besonderes bekommen!"
Tippy schaute hinauf. Er schien zu grinsen. Und auch Philipp grinste über sein ganzes Gesicht!

Tobias und sein Bär

Der kleine Tobias hatte einen allerbesten Freund – einen weichen, braunen Bär, den er „Teddy" nannte. Jeden Abend nahm Tobias Teddy mit, wenn er die Treppe hinaufstieg und ins Bett ging. Wenn dann seine Mama hereinkam, um ihm einen Gutenachtkuß zu geben, hielt Tobias ihr Teddy entgegen und sagte:

„Teddy möchte auch einen Kuß, Mama."
Tobias und Teddy taten alles gemeinsam. Wenn Tobias im Park herumtollte, dann war auch Teddy dabei. Wenn Tobias in den Laden ging, kam Teddy mit, und zusammen fuhren sie im Einkaufswagen. Wenn Tobias zu Mittag aß, dann aß auch Teddy zu Mittag.
Tobias hatte einen Cousin, der fünf Jahre alt war. Er hieß Andy. Eines Tages lud Andy Tobias ein, bei ihm zu übernachten. Tobias war ganz aufgeregt, und das erste, was er einpackte, war Teddy.

Tobias und Andy hatten viel Spaß miteinander. Sie lachten und spielten. Die ganze Zeit war Teddy in der Nähe und schaute ihnen zu. Abends im Bett erzählten sie sich noch lange witzige Geschichten.

Am nächsten Morgen sprangen die Jungen aus dem Bett und rannten nach unten. Sie wollten schnell frühstücken, um gleich weiterspielen zu können.

Doch da kam auch schon die Mama von Tobias. Sie wollte ihren Sohn mit nach Hause nehmen. Tobias lief nach oben, um Teddy zu holen. Er hatte ihn auf dem Sessel neben dem Bett sitzen gelassen, weil Teddy an diesem Morgen so schläfrig ausgesehen hatte. Er war nicht daran gewöhnt, in einem fremden Haus zu schlafen, und brauchte bestimmt noch ein kleines Nickerchen!

Nun kam Tobias aufgeregt die Treppe heruntergestürmt. Dicke, große Tränen liefen über sein Gesicht!

„Mama, Teddy ist weg! Ich kann ihn nirgendwo finden. Er ist einfach verschwunden."

Alle Leute im Haus machten sich sofort auf die Suche. Sie schauten unter die Stühle und unter das Bett, sie suchten auf allen Regalen. Sie wühlten sogar in den Papierkörben. Kein Teddy war zu sehen! Dann durchsuchten sie den Hof. Kein Teddy! Es gab nur noch eine Möglichkeit – der Vorgarten. Sie schauten unter jeden Busch und hinter jeden Baum. Immer noch kein Teddy.

Tobias ging noch einmal hinauf ins Schlafzimmer, um zu sehen, ob Teddy nicht vielleicht doch dort war. Er weinte immer noch dicke Tränen. Andy wartete auf ihn.

„Tobias, ich muß dir etwas sagen", begann Andy leise. „Es tut mir sehr leid, daß ich dich zum Weinen gebracht habe."

Tobias wischte sich über die Augen. „Oh, du hast mich nicht zum Weinen gebracht, Andy. Ich bin nur traurig, weil ich Teddy nicht finden kann."

Andy schaute beschämt auf den Boden. „Ich weiß, wo Teddy ist", bekannte er. „Ich wollte dich nicht traurig machen. Aber ich habe noch nie einen Teddybären gehabt, und ich wußte nicht, daß du ihn so vermissen würdest. Es tut mir sehr leid, Tobias." Andy begann zu weinen.

Tobias umarmte Andy, und ein paar Minuten lang weinten die beiden Cousins gemeinsam. Dann ging Andy zum Schrank, schob die Schuhe zur Seite, zog eine Schachtel aus der Ecke und holte Teddy aus seinem Versteck. „Hier ist er, Tobias. Es war böse von mir, Teddy zu nehmen und zu verstecken.

Es tut mir leid. Ich bin so traurig." Andy weinte noch ein paar Tränen – und diesmal waren es sehr große Tränen. Er schluchzte sogar einige Male laut auf und hielt seinen Kopf gesenkt.

„Schon gut, Andy. Ich weiß, daß du es nicht getan hast, um mich traurig zu machen", sagte Tobias und nahm Teddy in seine Arme.

Andy gab sich alle Mühe, mit dem Weinen aufzuhören.

Tobias streckte die Hand aus und klopfte seinem Cousin auf die Schulter. Dann lächelte er und sagte geheimnisvoll: „Ich hab' eine gute Idee! Warte hier, Andy, ich bin gleich wieder da."

Nach ein paar Minuten kam Tobias zurück. In der Hand hatte er ein Blatt Papier, das zu einem kleinen Viereck zusammengefaltet war. Auf der Außenseite stand geschrieben:

Für Andy
von
Deinem Freund Tobias

Vorsichtig faltete Andy das Papier auseinander. Ein brauner Teddybär war darauf gemalt.

„Ich wünschte, es wäre ein echter Bär, Andy", sagte Tobias. „Aber wenigstens kannst du dieses Blatt behalten, bis du einen eigenen Teddybär hast."

Andy lachte. „Oh, danke, Tobias. Vielleicht brauche ich gar keinen echten Teddybär. Ich mag dieses Bild, weil du es gemalt hast, damit ich mich freue."

Als Andy an diesem Abend schlafenging, bat er seinen Papa, die Zeichnung über sein Bett zu hängen. Und bevor Andy die Augen schloß, schaute er zu seinem Teddybär hinauf und sagte: „Nacht, Teddy, ich bin so froh, daß du zu mir gekommen bist!"

Ein Tag im Zoo

„Bist du fertig, Lena?" fragte Mama. „Heute gehen wir in den Zoo, weißt du noch?"

„Klar, Mama, ich bin schon seit Stunden fertig – mindestens seit zehn Minuten!" rief Lena vergnügt.

Mama und Lena machten sich auf den Weg. Lena war schrecklich aufgeregt. Sie würde lebendige Tiere sehen – jede Menge lebendige Tiere!

An einem Stand im Zoo kauften Mama und Lena rosa Zuckerwatte. Lena schleckte eifrig daran, als sie mit Mama die Elefanten anschaute.

Ein Elefant hob mit seinem langen Rüssel Sand vom Boden auf und warf ihn sich auf den Rücken. Es sah aus, als ob ein Sandkasten vom Himmel gefallen und genau dort gelandet wäre! Lena stellte sich vor, auf dem Rücken des Elefanten im Sand zu sitzen. Was für ein wunderbarer Platz zum Spielen!

Ein Zoowärter kam und brachte einen ganzen Haufen Heu, um es den Elefanten zu fressen zu geben. Die Elefanten rollten das Heu in ihren Rüsseln ein und schnaubten zufrieden. Lena war sicher, daß sie dem Zoowärter auf diese Weise danke sagen wollten. Der Zoowärter nickte den Elefanten zu und grüßte sie mit der Hand an der Mütze. Dann ging er weiter, um die Bären zu füttern. Lena und ihre Mama folgten ihm.

Es war ein heißer Tag, und ein anderer Wächter war gerade dabei, die Bären mit einem Schlauch abzuspritzen. Sie rannten durch das Wasser wie Kinder, die um einen Rasensprenger herumtollen. Plötzlich lief einer der Bären auf eine große Pfütze zu und sprang hinein. Platsch! Plitsch! Schwapp! spritzte das Wasser in alle Richtungen! Der Zoowärter hatte am meisten abgekriegt. Das Wasser tropfte ihm von der Nase und den Wimpern. Sogar an seinen Ohren hingen ein paar Tropfen! Lena und die anderen Zoobesucher lachten. Die Augen des Bären funkelten. „Ganz bestimmt hat er das mit Absicht getan!" dachte sich Lena.

Als nächstes bestaunten sie eine Giraffe. Sie

half ihrem kleinen Freund, einem Bärenjungen, einen Apfel zu pflücken.

Lena und ihre Mama gingen durch den ganzen Zoo und besuchten alle Tiere. Am Ende des Tages kamen sie zu den Seehunden. Ein Zoowärter fütterte sie gerade mit kleinen Fischen. Er warf die Fische ins Wasser, und die Seehunde tauchten danach. Manche Seehunde warfen ihren Fisch hoch in die Luft, andere klatschten mit ihren Flossen, um sich bei dem Zoowärter für das Futter zu bedanken. Lena spürte, wie sehr sich der Zoowärter und die Seehunde mochten.

Auf der Heimfahrt dachte Lena über alles nach, was sie gesehen hatte. Sie hatte gelernt, daß Tiere Liebe und Fürsorge und Geduld brauchen – genau wie die Menschen. Bald fielen ihr die Augen zu. Sie träumte davon, eines Tages Zoowärterin zu sein. Welche Tiere würde sie dann wohl zuerst füttern? Vielleicht die Elefanten – nein, die Bären waren so lustig! Aber die Seehunde waren am besten von allen.

Plötzlich setzte sie sich auf und sagte: „Mama, ich muß dich was fragen!"

„Ja, Liebes!" antwortete Mama.

„Wie konnte Noah alle diese Tiere in ein Boot hineinbekommen? Das ist doch kaum zu glauben!"

Mama lächelte Lena freundlich an. „Ich habe auch eine Frage an dich. Schau einmal aus dem Fenster, und blick zum Himmel hoch. Siehst du all die Sterne und Planeten? Schau nur – da ist der Sirius, und da irgendwo sind Jupiter und Mars."

Angestrengt sah Lena nach oben. „Jupiter? Sirius? Sterne? Ich sehe nichts als den blauen Himmel, Mama."

„Ja, Lena", sagte die Mutter. „Ich sehe die Planeten auch nicht. Aber ich weiß, daß sie da sind. Die Bibel sagt, daß sie dort oben sind, seit

Gott sie gemacht und ihnen ihren Platz gegeben hat. Und wenn er all diese Planeten und Sterne in den Himmel setzen konnte, dann war es bestimmt keine Schwierigkeit für ihn, alle diese Tiere in Noahs Schiff zu bringen."

„Sogar die Elefanten?" fragte Lena.

„Sogar die Elefanten", lächelte die Mutter. „Siehst du, Lena, Glauben heißt, darauf vertrauen, daß alles wahr ist, was Gott sagt."

„Ich bin ja so froh, daß wir heute in den Zoo gegangen sind, Mama", meinte Lena nun. „Ich habe etwas ganz Wichtiges gelernt. Ich muß nicht alles sehen, um es zu glauben. Gott kann alles tun. Er hat all die Tiere gemacht, und er kann auch einen ganzen Zoo voller Tiere in einem einzigen Schiff unterbringen."

Die verräterischen Fingerabdrücke

„Hoffentlich erwischt Mama mich nicht!" murmelte Peter, als er sich aus der Hintertür schlich. „Wenn sie herauskriegt, daß ich ein paar gefüllte Krapfen genommen habe, gibt es Ärger." Er lief über den Hinterhof und hielt auf Zehenspitzen Ausschau nach seinem

Freund Tom, der hinter der Hausecke auf ihn wartete.

„Mmmm!" machte Tom. „Die sehen aber lecker aus!"

„Aber hier können wir sie nicht essen", meinte Peter. „Wir müssen uns damit irgendwo verstecken, wo Mama uns nicht finden kann."

„Aber ich habe Hunger", beklagte sich Tom.

„So warte doch!" flüsterte Peter ungeduldig. „Wir müssen erst einen geeigneten Platz finden."

Peter überlegte angestrengt. Tom leckte sich schon die Lippen. Ihm lief das Wasser im Munde zusammen. Die Krapfen waren doch dazu gedacht, aufgegessen zu werden, und er wollte jetzt gleich einen Bissen.

„Jetzt hab' ich's!" rief Peter. „Wir kriechen einfach ins Auto. Mama braucht es heute nicht, weil sie mit Opa zu Hause bleiben muß."

„Los, laß uns einsteigen", drängte Tom.

Bald hatten Peter und Tom es sich auf den Vordersitzen bequem gemacht. Sie genossen ihre gefüllten Krapfen. Peter kicherte, während er einen Bissen nach dem anderen kaute. Die Marmelade quoll zwischen seinen Fingern hindurch und lief sogar an seinem Gesicht hinunter. Er wischte es sich mit dem rechten Ärmel ab und verschmierte die Marmelade dabei über das ganze Kinn.

„Ist es nicht prima?" fragte er. „Mama wird nie herauskriegen, daß wir die Krapfen genommen haben. Sie hat so viele gemacht, die hat sie bestimmt nicht alle gezählt."

„Guck dir mal unsere Hände an", sagte Tom. Er quetschte die Marmelade durch seine Finger. „Ist das klebrig. Es macht richtig Spaß. Warum holst du nicht noch ein paar?"

Plötzlich öffnete sich die Haustür, und Mama kam auf das Auto zu.

„Achtung! Da ist Mama!" rief Peter erschrocken. „Schnell, wir müssen auf deiner Seite raus. Aber mach bloß keinen Krach!"

Auf der anderen Straßenseite rief der Nachbar Mama etwas zu, und sie drehte sich um und redete kurz mit ihm. Ganz leise öffneten die beiden Jungen die Autotür. Sie krochen auf den Boden, schlossen vorsichtig die Tür und verschwanden so schnell wie möglich.

„Puh! Das war knapp", schnaufte Tom.

„Ja, beinahe zu knapp", stimmte Peter zu. „Komm, waschen wir uns die Hände am Gartenschlauch."

Am nächsten Morgen saßen Peter und sein Papa am Küchentisch, als Mama die Eier auftrug. Nachdem sie schon fast fertig gefrühstückt hatten, stellte Mama auf einmal eine Platte mit gefüllten Krapfen auf den Tisch.

„Überraschung!" sagte sie und reichte Papa einen Krapfen. „Wie ist es mit dir, Peter? Möchtest du auch einen?"

Peter wurde es gleichzeitig heiß und kalt. Er rutschte auf seinem Stuhl hin und her, und sein Magen schlug Purzelbäume. Er hatte ein sehr schlechtes Gewissen, doch er versuchte, es so gut wie möglich zu verbergen.

„Danke, Mama. Sie sehen lecker aus!" sagte er.

„Sie sind wirklich lecker", lobte Papa. Er hatte schon einen großen Happen abgebissen. „Ich glaube nicht, daß ich diese Sorte schon einmal gegessen habe. Ist das ein neues Rezept?"

„Hmm, das ist aber merkwürdig", meinte Mama. „Bist du sicher, daß du diese Sorte nicht doch schon probiert hast?" Sie schaute Papa fragend an.

„Völlig sicher", sagte Papa. „Ich könnte mich bestimmt daran erinnern, wenn ich schon einmal etwas so Gutes gegessen hätte."

„Und du, Peter? Hast du schon einmal solche Krapfen gegessen?" fragte Mama jetzt.

„N... nicht, daß ich wüßte", stammelte Peter. Ihm wurde schon wieder heiß und kalt. Und sein Magen hopste auf und ab.

„Dann frage ich mich, von wem die klebrigen Fingerabdrücke an den Türgriffen des Autos stammen. Und wer die Marmelade auf die Sitze gekleckst hat!" sagte Mama.

„O Mama", schrie Peter auf und sprang von seinem Stuhl. Er lief zu seiner Mutter, um sie zu umarmen. „Ich dachte, du kriegst es nie heraus. Du hattest so viele Krapfen gemacht – da war ich sicher, du würdest nicht merken, daß ein paar fehlen. Es tut mir so leid, daß ich die Krapfen genommen habe, ohne zu fragen, und daß ich dann auch noch gelogen habe."

Mama und Papa konnten sehen, daß es Peter wirklich leid tat. Sie sahen seine Tränen und sein trauriges Gesicht. Nun fing er sogar an zu schluchzen.

Da sagte Mama: „Peter, ich vergebe dir. Siehst du, wenn du etwas Falsches tust, dann sündigst du. Die Bibel sagt, daß unsere Sünden sich irgendwie immer selbst verraten. Auch

wenn du denkst, daß du sie geheimhalten kannst, tauchen sie bald wieder auf und machen dich traurig. Laß uns Gott bitten, daß auch er dir vergibt."

„Ich habe wirklich etwas gelernt", sagte Peter leise.

„Das ist gut, mein Sohn", sagte Papa und legte ihm einen Krapfen auf den Teller. „Ich bin sicher, daß dir dieser Krapfen noch viel besser schmecken wird als der, den du gestern gegessen hast!"

Meine Gutenacht-Gebete

_____

_____

_____

_____

_____

_____

_____

_____